Lettres à sa fille

Calamity Jane

Lettres à sa fille

Traduit de l'anglais (États-Unis)
par Marie Sully

Tierce

106, bd Saint-Germain – 75006 Paris

ISBN : 2-7436-0281-3
ISSN : 1160-0977

Jim O'Neil, remettez s'il vous plaît cet album à ma fille, Janey Hickok, après ma mort.

Martha Jane Cannary Hickok

Nous avons essayé de suivre au plus près le texte de Calamity Jane, dont le charme tient aussi à ses maladresses, aux efforts qu'elle fait çà et là pour « bien écrire », à sa façon abrupte de changer de sujet. Nous ne sommes intervenus que lorsqu'il fallait à tout prix interpréter son propos ou éviter une obscurité. Pour le reste, nous nous sommes bornés à corriger les fautes élémentaires de grammaire et d'orthographe et à préciser la ponctuation. *(N.d.T.)*

Deadwood
Territoire du Dakota
25 septembre 77

Ma Chérie,

ceci n'est pas censé être un journal, et il se peut même que ça ne te parvienne jamais, mais j'aime penser à toi en train de le lire, page après page, un jour dans les années à venir, après que je serai partie. J'aimerais t'entendre rire en regardant ces photos de moi. Je suis seule dans ma cabane, ce soir, et fatiguée. J'ai fait aujourd'hui

60 *miles* à cheval jusqu'à la poste et suis rentrée ce soir. C'est ton anniversaire et tu as 4 ans aujourd'hui. Vois-tu, ton papa Jim m'a promis qu'il m'enverrait toujours une lettre chaque année, le jour de ton anniversaire. Comme j'ai été heureuse d'avoir des nouvelles de lui ! Il m'a envoyé ta petite photo : tu es mon portrait craché à ton âge, et en regardant ta petite photo ce soir, je m'arrête pour t'embrasser, et puis, à me souvenir, les larmes viennent et je demande à Dieu de me laisser un jour réparer mes torts d'une façon ou d'une autre envers ton père et envers toi. Ce matin, je suis allée sur la tombe de ton père, à Ingleside. On parle de transférer son cercueil au cimetière de Mount Moriah, à Deadwood. Une année et quelques semaines ont passé depuis qu'il a été tué, et on dirait un siècle : sans vous

deux, les années à venir m'apparaissent comme une piste solitaire.

Demain, je vais descendre la Yellowstone Valley juste pour l'aventure et les sensations. Les O'Neil ont changé ton nom en Jean Irene, mais je t'appelle Janey, pour Jane.

28 septembre 1877

Un autre jour est passé, Chérie — en fait, trois jours se sont écoulés depuis la dernière fois que je t'ai écrit. Je suis assise à côté de mon feu de camp. Mon cheval Satan est attaché tout près. Tu devrais le voir quand la lumière du feu de camp joue sur son encolure luisante et sur les muscles de ses épaules satinées, avec ses pieds blancs et son losange blanc entre les yeux. C'est un objet de toute beauté. Je suis si fière de lui. Ton père me l'a donné, et j'ai aussi son compagnon de courses, King, que j'utilise comme cheval de charge pour les longs trajets, mais je ne l'ai pas pris avec moi dans ce voyage. Je peux entendre les coyotes et les loups, et la plainte saccadée des chiens indiens près de leurs camps. Il y a des milliers de Sioux dans cette vallée, je n'ai pas peur d'eux. Ils pensent que je suis cinglée et ne me font jamais de mal.

J'ai suivi une nouvelle piste aujourd'hui ; ce doit être la nouvelle route postale construite par les frayeurs de piste de Bozeman. J'espère les rattraper demain ; ils sont sur une mission dangereuse et cela ne fera pas de mal que je sois à proximité, juste au cas où ils auraient besoin de quelqu'un pour les aider à effaroucher les Sioux. Je crois que je suis le seul être humain dont ils aient peur. Sur cette page, tu trouveras une photo de ta grand-mère Cannary, ma mère. Elle et ton grand-père sont venus à travers les plaines dans un chariot bâché quand je n'étais qu'une petite enfant. Nous avons vécu des années dans le Missouri. Ton papa Jim m'a envoyé un porte-plume et une bouteille d'encre, afin que je puisse lui écrire quelquefois. C'est un homme qui a du respect pour ta mère, même si les autres n'en ont pas. Ce porte-plume a été fabriqué en Irlande. Je le porte attaché à ma selle avec cet album et j'ai l'encre dans une poche, de façon à pouvoir t'écrire à côté de mon feu de camp.

[sans date]

Chère Janey,

il m'est parfois impossible d'emporter le vieil album pour y écrire, aussi trouveras-tu ici et là des pages ajoutées. Mon encre a gelé tant de fois qu'elle est presque gâtée. Elle m'est précieuse, car ton papa Jim me l'a envoyée. Tu vas être une bien grande fille, maintenant, presque 6 ans. Il me semble qu'il s'est écoulé si peu de temps depuis que j'ai rencontré ton papa Jim et ta mère O'Neil et que je t'ai donnée à eux. Un jour, j'irai te voir. Je me suis sentie si mal quand j'ai appris la mort d'Helen. Tu es destinée à ne jamais avoir de mère avec qui vivre. Que Dieu garde avec toi la vieille maman Ross, Chérie. Je m'occupe d'un petit garçon. Son nom est Jackie, il a cinq ans de plus que toi, ses père et mère ont été tués par les Indiens. Je l'ai trouvé le jour où ton père a été tué. Il pensait que ton père était le plus grand héros qu'il y ait sur terre et il l'a vu abattre. C'est un gentil garçon et ce sera un jour un grand homme. Les Indiens sioux sont toujours difficiles. Je suis allée sur le champ de bataille après la bataille de Custer et je ne veux jamais revoir pareil spectacle. Dans une maison qui avait été démolie, il y avait la carcasse d'un homme qui s'y était apparemment caché pour échapper aux Indiens qui cherchaient à se venger. Les squaws avaient coupé bras et jambes aux soldats morts, puis coupé les têtes, puis arraché les yeux. Tu sais, Custer avait ravagé un village indien, et chassé squaws et enfants de leur campement, si bien qu'on ne peut les blâmer de se venger à leur façon. Ton oncle Cy était à cette bataille, Janey. Je l'ai trouvé taillé en pièces, la tête à un endroit, jambes et bras dispersés. J'ai creusé une tombe et mis son pauvre vieux corps dans une couverture de selle et l'ai enterré. Je ne peux jamais penser à lui sans pleurer. Bonne nuit, Chérie, jusqu'à la prochaine fois.

Coulson
Juillet 1880

Chère Janey,

me voilà à Coulson. Il s'est passé un an depuis que j'ai eu des nouvelles de ton papa Jim. Tu devrais voir Coulson. Aujourd'hui, j'ai rencontré ici un type de Deadwood qui connaissait mon meilleur ami de là-bas, *Mister* Will Lull. J'ai été malade, une espèce de fièvre, alors que j'occupais une chambre dans son hôtel — cet hôtel que Baby Face Lull avait pris à la suite de Porter, un homme de La Nouvelle-Orléans —, et Lull a été si bon pour moi. Je l'aime beaucoup, il m'accueille toujours en disant : « Comment va, Jane, petite fille. Fais bonne contenance, souviens-toi que tu es une bonne fille. » Lui et ton papa Jim sont les 2 seuls hommes qui ont foi en moi. Bizarre, les hommes pour qui je peux avoir de la sympathie sont de l'Est. Il y a quelque temps, je suis allée à Cheyenne par la diligence et j'ai passé des moments palpitants. La diligence était conduite par Luke Voorhees. C'est un parent de Clark — Lewis & Clark —, nous avons eu toute une conversation. Il était si intéressé par l'époque où ton père et moi étions allés à cheval d'Abilene à Deadwood Gulch. Nous avions passé toute la nuit au vieux poste de Virginia Dale. Je portais des pantalons d'homme et me faisais passer pour l'associé de Wild Bill, le Jack of Diamonds[1]. Avant de partir, nous avons eu un concours de tir. Je les ai tous battus et pour sûr, ça m'a donné la grosse tête. Puis le conducteur remplaçant a été tué et j'ai pris sa place. Tout le monde a blâmé les Indiens, mais c'est des hommes blancs qui étaient les auteurs de la tuerie et du meurtre et qui ont volé la poudre d'or aux garçons. Après la tuerie, ton père m'a mise au défi de conduire la diligence pour ce voyage. Je l'ai fait et me suis trouvée dans un sacré pétrin, Janey. Les hors-la-loi étaient à mes trousses, le jour baissait, et je savais qu'il fallait faire quelque chose ; j'ai donc sauté du siège du conducteur sur le cheval le plus proche, puis sur mon cheval de selle, qui était attaché

1. Le Valet de Carreau.

sur le côté, et j'ai rejoint les hors-la-loi dans l'obscurité. Ton père arrivait derrière sans que je puisse le voir dans l'ombre ; mais après avoir arrêté la voiture et ne pas y avoir trouvé de passagers, mais des monceaux de poudre d'or, ils ont perdu toute prudence. Ton père et moi, nous avons eu toute la bande. Il y en avait 8 et, bien sûr, il a fallu les abattre, car ils ne voulaient pas céder. Ton père en a compté 3 qui avaient le bras droit transpercé. Il m'a dit : « C'est ton travail, Jane. Tu ne vises jamais pour tuer. » Les 5 autres, il a tiré pour les tuer. Il n'a jamais paru gêné de tuer, mais moi si. Je n'ai encore jamais tué personne, mais j'aimerais cogner sur la tête de certaines femmes de Deadwood. Il n'y a qu'une femme dans ce tas de vermines, et c'est *Missus* Bander. Deadwood est pleine de vermines, mais *Missus* Bander est différente. J'espère qu'un jour tu pourras venir dans ce pays, tu sauras alors comment j'ai dû exister. Encore 2 ans et j'irai te voir, Chérie je sais qu'alors je me sentirai mieux à ton sujet. Peut-être ensuite penseras-tu quelquefois à moi non comme à ta mère, mais comme à une femme solitaire qui aima et perdit autrefois une petite fille comme toi. Je te prendrai sur mes genoux et te dirai tout sur cette petite fille. Naturellement, tu ne sauras pas que c'est toi. J'ai cherché à m'éduquer afin de pouvoir épeler, lire et écrire depuis que ton papa Jim m'a donné les livres d'école et le dictionnaire que j'ai apportés avec moi, cette fois-là, à Omaha. T'abandonner m'a presque tuée, Janey. Tes parents t'ont nommée Jane, comme moi. C'est pourquoi je t'appelle Janey. Je prends un livre à la fois et regarde dans le dictionnaire chaque mot dont je ne connais pas le sens. Je n'ai fait que trois ans d'école, et bien que j'aie ces livres à étudier, ce n'est pas une tâche aisée.

Je veux être capable de me conduire comme une femme blanche, quand j'irai te voir. Tout le monde pense que je ne sais ni lire ni même écrire mon nom ; je les laisse donc le penser. C'est mieux ainsi, je trouve. Tes grand-papa et grand-maman avaient de l'instruction, même si je n'en ai pas, et ça n'a pas été leur faute si je me suis enfuie à la première occasion que j'ai eue. Vois-tu, ton grand-père était prédicateur. Il était comme le *preacher* Smith, il pensait qu'il pouvait combattre la nation indienne tout entière avec une Bible. Je ne crains pas de les affronter tant que j'ai 2 pistolets dans la ceinture, mais, aussi sûr que l'Enfer existe, je détesterais les affronter avec une Bible sous le bras. Tu comprendras tout ça un jour. Bonne nuit, Janey.

Deadwood
Août 1880

Janey chérie,

me voilà de retour à Deadwood pour quelques semaines. Je hais les femmes d'ici. La majorité d'entre elles n'est pas meilleure que moi, mais elles traversent la rue plutôt que de me parler ou me croiser. Si seulement elles savaient ce que je sais, que leurs pères rigolaient en faisant une encoche à leur fusil chaque fois qu'une autre de leurs filles venait de se marier. Ça leur ferait sûrement mal d'avouer qu'un autre bâtard était en fabrication, et ces mêmes salopes me montrent du doigt en m'appelant Jane Hickok, un ricanement sur leurs figures de coyotes. Si j'étais un homme, il me suffirait de leur flairer une seule fois les aisselles pour être dégoûté. Je fais une exception pour *Missus* Bander. Elle est douce et bonne. J'espère, si tu viens jamais par ici, que tu iras voir certaines de ces vermines, si elles sont encore de ce monde, et que tu leur en feras voir. Attends seulement de voir comment elles me couvriront un jour de boue, et toi aussi, un jour, si elles en ont l'occasion, mais ne tolère pas cette affreuse saleté de mensonge. Rappelle-leur les squelettes qu'elles ont dans leurs placards et dis-leur que je t'en ai parlé. Garde le menton haut, Janey, et dis-leur à toutes d'aller au diable. Encore 2 ans et je te reverrai. Je t'en dirai beaucoup sur les plans que je fais, Chérie.

Deadwood
Septembre 1880

Janey,

une lettre de ton papa Jim est arrivée aujourd'hui avec une autre photo de toi. Ton anniversaire tombe ce mois-ci, tu as 7 ans. J'aime cette photo de toi, tes yeux et ton front sont ceux de ton père ; le bas du visage, la bouche et les cheveux sont les miens. L'expression de tes yeux bleus, avec leurs longs cils noirs, est exactement celle de ton père.

C'est bien que tu n'aies pas à fréquenter une école publique. Tu as de la chance d'avoir un homme comme le capitaine O'Neil pour te donner tant de tout. Je n'ai rien eu, Janey, et quand je pense que tu es à bord d'un navire avec ton papa Jim, avec un précepteur tout à toi et de jolis vêtements, et il me dit que tu prends des leçons de piano. Sois gentille avec lui, chérie, et aime-le toujours pour tout ce qu'il a fait pour toi. Quand il t'a fait écrire ton nom sur la lettre qu'il m'envoyait, c'était si aimable de sa part. Tu as une si jolie écriture, ça m'a fait honte de la mienne.

Ta photographie m'a rappelé toutes les années que j'ai vécues avec ton père, et je me suis rappelé comme j'étais jalouse de lui. J'ai envie d'écrire sur lui ce soir, aussi te dirai-je des choses que tu dois savoir. J'ai rencontré James Butler Hickok, « Wild Bill », en 1870, près d'Abilene, Kansas. J'avais entendu une bande de hors-la-loi se préparer à le tuer. Je ne pouvais pas aller jusqu'à l'endroit où se trouvait mon cheval, j'ai donc rampé pendant plus d'un *mile* sur les mains et les genoux à travers la brousse, en contournant les hors-la-loi, et j'ai atteint la vieille cabane où il passait cette nuit-là. Je l'ai averti et il m'a cachée derrière la porte pendant qu'il échangeait des coups de feu avec eux. Ils l'ont touché, lui labourant le sommet du crâne et puis ils l'ont entendu tomber et ils ont frotté des allumettes pour voir s'il était mort. Bill les a tous tués. Je n'oublierai jamais l'air qu'il avait, avec le sang qui lui coulait sur le visage, tandis qu'il se servait de ses 2 pistolets. Il ne visait jamais et je crois qu'il n'a jamais été réputé pour avoir raté quelqu'un qu'il visait — je veux dire : qu'il voulait tuer —, et il ne tirait que pour se défendre. Alors, il était tout à fait sûr de lui. Je l'ai soigné plusieurs jours, et puis, sur le chemin d'Abilene, on a rencontré le révérend Sipes et le révérend Warren, et on s'est mariés. Il y aura beaucoup de gens pour en douter, mais je te laisserai un tas de preuves que nous nous sommes mariés. Tu n'as pas été une pouliche des bois[1], Janey. Ne laisse jamais aucun de ces [*effacé*] pleins de pus s'en tirer avec ce mensonge.

J'ai honte de cette écriture, mais je ne peux pas faire mieux. Je dois te parler de ce certificat de mariage à nous. Ton père avait l'intention de le faire transformer en un vrai, un

1. *A wood's colt :* une bâtarde.

imprimé. Je veux régler ça un jour comme il le voulait. Même si je le fais, garde toujours celui-ci de toute façon, Janey. Il se peut qu'il n'ait pas l'air aussi joli, mais c'était le seul que le révérend Warren et le révérend Sipes pouvaient fournir si loin de la civilisation. Tu trouveras dans l'album une photographie des parents de ton père, ainsi qu'une épingle d'or en forme de fer à cheval qui appartenait à la mère de ton père. Il me les a données. Prends-en soin, chérie. Et puis, elles sont si anciennes et elles auront valeur de souvenir quand tu seras vieille. L'arme que je garde pour toi, c'est ton père qui me l'a donnée. Il m'a acheté cette bague comme bague de mariage. Je la mettrai pour toi parmi mes trésors. Elle a été achetée à Abilene, Kansas, pendant que je m'y trouvais avec lui. J'étais si jalouse de chaque femme, là-bas. L'une d'elles que j'appelle toujours sa concubine, était Mamie Werly, une danseuse. Je me mettais en rage et je l'appelais comme ça devant lui. Il se contentait de rire et de dire : « Sotte de Jane, embrassons-nous et n'en parlons plus. » Il ne me cherchait jamais querelle au sujet de Mamie Werly et ne faisait aucune attention à elle ; j'étais tout de même jalouse et imaginais des tas de choses. Ne laisse pas la jalousie te prendre, Janey. Elle tue l'amour et toutes les choses agréables de la vie. Elle a éloigné ton père de moi. Quand je l'ai perdu, j'ai perdu tout ce que j'avais jamais aimé, toi exceptée. Je lui ai accordé le divorce afin qu'il puisse épouser Agnes Lake. J'essayais de me faire pardonner les moments de jalousie et les accès de mesquinerie. Si elle l'avait aimé, elle serait venue par ici avec lui, mais elle ne l'a pas fait et j'ai été heureuse de l'avoir de nouveau, même s'il était marié et elle si loin. J'ai toujours excusé notre péché en sachant qu'il avait été à moi bien avant d'être à elle. Un homme peut aimer 2 femmes à la fois. Il l'aimait et pourtant il m'aimait. Il m'aimait à cause de toi, Janey. Cette première photo de toi qu'a envoyée ton papa Jim, ton père la voulait. Je la lui ai donnée et elle était dans sa poche le jour où il a été tué. Sa famille pensait que je n'étais pas assez bonne pour lui. Cela et ma jalousie, voilà tout notre malheur. Quand il est revenu, après avoir épousé Agnes Lake, je pensais que je le battrais froid, mais un jour, nous nous sommes revus et nous nous sommes tous deux aperçus que nous nous aimions encore l'un l'autre plus que jamais. J'oubliais tout quand j'étais près de lui. Personne d'autre ne l'a jamais su. Si quelqu'un me faisait une allusion à cette situation, je m'avançais et lui cassais la figure, et lui aussi le niait. Nous vivions tous les deux une vie de mensonges. Il était fait pour moi, pas pour Agnes Lake, sans quoi il serait resté dans l'Est avec elle au lieu de me revenir. Il m'a dit une fois que le plus gros mensonge, parmi tous ceux qu'on a pu raconter sur lui, c'est qu'il serait monté sur la scène comme acteur. C'est un autre homme qui a joué ce rôle. Il n'a jamais été ce grand imbécile qu'à son avis il commençait à être aux yeux du public ; ça ne lui ressemblait pas.

Ton père n'était pas un bateleur comme Bill Cody. Buffalo Bill aimait la ramener avec un tas de vantardises et de prétentions et de mensonges, mais pas Bill Hickok. Il était d'une autre espèce, Janey, même s'ils étaient amis. Ton père avait 15 ans de plus que moi. Le 1er mai, en 1852, je suis née à Princeton, Missouri. Ton père est né en 1837 à Troy Grove, Illinois. Il ne m'a jamais dit quel mois. Un peu moins d'un an après qu'il a été tué, un bureau de poste a été créé à Deadwood, en avril 1877. Jusque-là, il fallait que je rencontre les expéditions qui venaient dans les Black Hills pour pouvoir avoir des nouvelles de toi par ton papa Jim.

J'ai tant à te dire, Chérie, mais il semble que je sois incapable de relier tout ça correctement. Je me réveille la nuit et je pense à certaines choses que je devrais te dire, puis j'oublie quand j'ai l'occasion d'écrire à nouveau. À la poste, chaque fois que Sol Starr me tend une lettre, il prend l'air d'en savoir long et me dit : « T'as un petit ami en Angleterre, hein, Jane ? » Je réponds toujours : « Diable, oui. » Un jour, il lisait une lettre et ne m'a pas vue qui attendais, aussi je lui ai dit : « Bon, Sol, quand tu auras fini de lire ma lettre, j'aimerais l'avoir. » Il a sursauté comme si je lui avais tiré dessus. Je reçois parfois des lettres du général Brisbane. Je peux aller dans les camps sioux et cheyenne, où un homme ne pourrait se rendre sans être tué. Ils pensent que je suis franchement toquée et je me déplace sans être inquiétée. Tout le monde m'appelle Calamity Jane. Ton père m'a donné ce nom — lui et le capitaine Eagen, mais ton père m'a appelée comme ça quand j'ai entendu ces hors-la-loi préparer sa mort et que je l'ai averti. Il a été le premier à m'appeler Calamity Jane. Nous nous sommes rencontrés pour la première fois près de Laramie, Wyoming. Ma vie avec ton père, je saurai toujours que ce furent les jours les plus heureux de ma vie, Janey. Dans mon errance sans but, je l'ai rencontré. Il a reçu son surnom de Wild Bill à Rock Creek, Kansas, parce qu'il avait tué en légitime défense une bande de meurtriers, ce qui l'a rendu fameux comme grand tireur des deux mains. Les hors-la-loi le traquaient à plusieurs, ils étaient toujours une demi-douzaine ou plus à l'avoir dans leur ligne de mire. Souviens-toi, Janey, son nom ne mourra jamais tant que le soleil brillera. Aussi longtemps que les années passeront sur la tête des hommes, le monde se souviendra de ton père. Il n'aimait pas trop Deadwood, mais il aimait l'animation qu'il y avait ici en ce temps-là, et la seule raison qui m'a fait revenir ici, c'est à cause de ma vie ici avec Bill Hickok. J'ai toujours passé pour son associé, le *Jack of Diamonds*. Les 2 épingles d'or en forme de fer à cheval appartiennent à Ann Hickok, ta grand-mère. Tu lui ressembles beaucoup, à ce que m'a dit ton père. Ils devront te réclamer un jour, car tu leur ressembles vraiment.

Au revoir pour le moment.

Coulson
Janvier 1882

Une autre année est passée. Rien d'important n'est arrivé sur quoi écrire. Le Northern Pacific Railroad est près d'être achevé. Une nouvelle ville a surgi, mais je t'en ai parlé dans l'album. Je vais te voir bientôt. Je peux à peine attendre. Je joue, ces jours-ci, afin de gagner assez d'argent pour en donner à ton papa Jim pour ton éducation. Je veux coincer les dirigeants du NP quand ils viendront ici, et il ne se passera qu'un petit moment avant qu'ils arrivent. J'ai l'intention de faire une partie avec eux et ensuite je serai en route pour la vieille Virginie, afin d'être un moment avec toi. Mon ami Will Lull me manque, car il me finançait. Il était toujours prêt à risquer sur moi. Un soir, il m'a prêté 5 dollars et quand je l'ai vu le matin suivant, j'avais 1 000 dollars ; mais ça s'en va, Janey. Ça part aussi facilement que c'est venu. Je trouve toujours un pauvre sacré idiot dans un état pire que le mien et l'aide à faire une petite mise ou à acheter vêtements et nourriture à une famille d'enfants abandonnés de Dieu. Je ne pourrais pas manger une bouchée si je voyais un pauvre petit moutard affamé. Je pense toujours à toi, Chérie, et voilà mon argent parti. Ensuite, je recommence tout. Je ne pense pas avoir le moindre mérite à agir comme je le fais. Il m'arrive parfois d'être un peu ivre, Janey, mais je ne fais de mal à personne. Il faut que je fasse quelque chose pour vous oublier, toi et ton père, mais je ne suis pas une femme légère, Janey ; si j'en étais une, je ne serais ni infirmière, ni éclaireuse, ni conductrice de diligence. C'est comme ça qu'on m'appelle à Deadwood et Billings. Que ces villes aillent au diable, elles aussi. Dans l'une et l'autre, ils feraient mieux de voir la poutre dans leur œil que la paille dans l'œil du voisin. Une caisse de livres vient d'arriver de la part de ton papa Jim. Pour sûr, il veut que j'apprenne quelque chose. Dans le nombre, il y a quelques romans. Naturellement, je suis juste assez toquée pour les attraper les premiers. J'aime vraiment le roman de M. J. Holmes, et j'aime les lire comme un porc va à sa pâtée. Tu devras excuser ta mère, Janey, elle sait qu'elle est bizarre et mal léchée. Je vais aller te voir bientôt, maintenant, mais il faut que j'entre dans une partie de poker et gagne 20 000 dollars avant de pouvoir aller vers toi. Je m'occupe d'une fille et d'un garçon et je dois te dire que Jackie est parti pour l'Alaska. Ces deux-là sont plus âgés. La fille a 16 ans, le garçon indien, 18. Je vais les emmener dans l'Est avec moi quand j'irai te voir, si je gagne la partie de poker avec le NP. Le garçon veut entrer dans une école de médecine, et la fille veut être actrice. Je leur donnerai leur chance à tous deux, si je gagne, et je gagnerai.

[sans date]

Janey chérie,

la partie de poker est terminée. J'ai gagné mes 20 000 dollars et j'ai remboursé les 500 que j'avais empruntés à Abbott pour démarrer. Plus tard, je t'en dirai plus sur Abbott. Je suis si excitée d'avoir gagné, car maintenant je peux aller te voir en grand équipage. Je veux avoir l'air de quelque chose une fois dans ma vie. Becky et Jimmie iront à New York City avec moi. Ils sont si attachés l'un à l'autre que c'est une honte de les voir se quitter, mais je pense que quelques années de séparation leur donneront à tous deux des idées différentes sur ce gâchis qu'on nomme « amour ». Ils s'apercevront que dans ce vieux monde, on peut vivre sans amour ou sans le moindre foyer. C'est la dernière note de moi dans cet album jusqu'à ce que je revienne dans ce pays, ce qui pourrait bien être jamais. Au revoir jusqu'alors.

Billings
30 mai

Ô Janey, comme j'ai détesté retourner ici. Pourquoi n'ai-je pu rester avec toi et papa Jim ? Pourquoi ne m'a-t-il pas demandé de rester ? J'avais tant d'espoir qu'il le ferait, mais, Chérie, ta mère est déplacée dans une maison comme celle que tu as — ou alors qu'est-ce qui ne va pas ? J'ai été si heureuse, là-bas. Pourquoi ne puis-je jamais être quelqu'un qui compte ? Je finirai probablement à l'hospice, dans ma vieillesse. Je suis si découragée. Une consolation : je saurai toujours que tu es bien et je remercie Dieu pour ton papa Jim. Je lui ai donné 10 000 dollars à utiliser pour ton éducation. Il y en aura encore pour moi sous cette vieille tente de jeu quand la chance me reviendra. J'ai rencontré Abbott dans la rue. Il m'a demandé de quoi se payer un repas. Je lui ai donné mes derniers 50 *cents*. Mon portefeuille avait l'air si vide, alors qu'il y a si peu de temps on aurait pu y compter des milliers de dollars, que je l'ai jeté dans la rue. Abbott m'a promis un travail à Deadwood, aussi vais-je bientôt prendre la route pour là-bas. Je n'oublierai jamais cette *party* et penserai toujours à toi quand je t'ai aperçue pour la première fois, ce jour où ton papa Jim t'a fait entrer pour faire ma connaissance et où tu m'as demandé pourquoi je pleurais et je t'ai dit que tu me rappelais une petite fille que j'avais connue et je t'ai raconté comment elle avait pris la mer sur un grand navire et ne m'était jamais revenue, et tu m'as dit : « Mon papa Jim et moi naviguons aussi des tas de fois sur des gros navires à travers l'Océan. Une fois, maman Ross et moi nous sommes allées avec lui à Singapour, c'est en Chine, vous savez, et nous avons donné de l'or américain aux enfants qui mendiaient, pauvres petites choses affamées. Leurs vêtements étaient tout en lambeaux et je pouvais voir leurs côtes qui saillaient et leurs mains étaient comme de petites griffes d'oiseaux et leurs visages avaient exactement l'air du chaton affamé que les matelots de papa Jim avaient trouvé en bas, dans l'entrepont. Je n'ai pas pu manger mon dîner ce soir-là. Ils m'ont rendue malade, car les yeux leur sortaient de la tête. »

Puis, ton papa Jim nous a laissées seules, souviens-toi, Janey, et tu m'as parlé des femmes sur le bateau de papa Jim et tu t'es moquée d'elles quand elles lui faisaient les yeux doux. Oh, tu étais si comique à ce moment-là, et quand je t'ai demandé où était ta mère, et tu as dit : « Ma mère est morte. Elle est morte il y a longtemps. C'était maman Helen O'Neil », et j'ai dit : « Oh, je vois » ; et c'est alors que je t'ai serrée dans mes bras, Janey, et il m'a semblé un moment que je me retrouvais avec toi pendant ces jours terribles qui me brisaient le cœur, dans Yellowstone Valley, affrontant la vie sans ton père — avenir noir et tragique pour toi, Chérie. Puis est venu ton papa Jim. Je sais que Dieu me l'a envoyé. Et j'étais là, à Omaha, et je regardais le train qui t'emmenait, et puis cette lettre d'Helen O'Neil me disant que tu étais sortie de ma vie pour toujours car ils étaient partis pour l'Angleterre. J'avais pensé que c'était la fin, que je ne te reverrais jamais, et voici que j'étais dans ta maison de Virginie avec toi dans mes bras. Tu étais une telle petite dame, Chérie, et je n'ai jamais vu de petite fille qui ait tant de jolis vêtements. Oh, je me souviendrai toujours du moment où j'ai regardé en arrière après être montée dans le fiacre et où j'ai vu ton papa Jim te prendre par la main et vous faisiez tous les deux au revoir jusqu'à ce que les chevaux tournent le coin et vous dérobent à ma vue. Il faudra des années, tant d'années, avant que je ne te revoie. Sois bonne avec maman Ross. Elle est si gentille avec toi. C'est ce que je voulais te dire, mais je ne l'ai pas fait. Il n'y aura jamais pour toi la terrible solitude des années vides à venir, Janey — jamais, aussi longtemps que tu auras maman Ross et ton papa Jim. Comme je voudrais pouvoir dire que j'ai vu ces pays où il t'a emmenée. J'espère que tu penseras quelquefois à moi et aux choses que je t'ai dites, afin que tu te rappelles la femme que ton papa Jim appelait Jane et l'homme dont je t'ai parlé, que nous appelions Wild Bill Hickok, et tu as dit : « Quel drôle de nom », et quand je t'ai montré sa photo, tu as dit : « Il n'est pas aussi beau que mon papa Jim. » Il n'y a vraiment rien dans ce monde d'aussi merveilleux que la foi d'un enfant dans quelqu'un qu'il aime. Quand tu as dit ta prière devant moi, ce soir-là, tu as ajouté : « Dieu bénisse Jane Hickok et cet homme qui fut abattu dans le dos, où qu'il soit. Bénissez-le, parce que Jane l'aimait. »

Je me suis demandé comment tu savais que je l'aimais.

Bonne nuit, petite fille, et puisse Dieu te garder de tout mal.

Deux ans plus tard

Chère Janey,

me voilà à Old Clark City, pas loin de l'endroit où tu es née. Il n'y a rien pour moi ici. Je dois m'occuper du bébé d'une amie. Elle me l'a laissé et n'est pas revenue le prendre. J'ai pris soin d'elle quand le bébé est né et maintenant je l'ai en paiement de ma peine. Chacun s'enquiert de cette petite fille et je leur dis : « Oh, elle est à moi. Vous ne saviez pas que j'en avais une ? » Puis la fois suivante, je dis à un autre : « Oh, c'est ma petite-fille. » Je les tiens tous sur les charbons ardents avec mes remarques sur les nombreux enfants que je suis censée avoir mis au monde. Tu es la seule que je puisse vraiment dire mienne, et maintenant tu vas avoir 14 ans en septembre. J'irai te revoir quand tu en auras 18. Je m'y prépare. Je vais trouver un foyer pour cette petite fille. Je ne peux travailler et m'en occuper en même temps.

Becky et Jimmy ont terminé leur formation, mais dans l'agitation de leurs carrières, ils m'ont tous deux oubliée. Ils ont aussi cessé de s'aimer. Becky est une bonne actrice à New York. Elle devient célèbre et ne pense jamais à la femme qui jouait toute la nuit pour trouver l'argent qui l'a aidée à monter à Broadway. C'est ça, la gratitude, Janey, et la mère de ce bébé, en voilà une autre qui me bottera probablement le cul. Je vais avoir une espèce de boulot. J'ai travaillé un moment dans le *saloon* de Russel. C'est Abbott qui m'a trouvé ce boulot. Ils veulent que je conduise de nouveau une diligence. Car quand je travaillais chez Russel, les bonnes et vertueuses femmes du lieu ont voulu me chasser de la ville. Elles sont entrées dans le *saloon* armées d'une cravache et d'une paire de cisailles pour me couper les cheveux et me coiffer à la Ninon comme les femmes légères de Paris sont tenues de l'être — comme ça, elles restent à leur place avec leurs marques sur les oreilles. Eh bien, Janey, je leur ai réglé leur compte à ma façon et je n'ai pas quitté la ville coiffée à la Ninon ou marquée par leur cravache. J'ai sauté du bar au milieu d'elles et avant qu'elles puissent dire ouf, les voilà toutes à hurler. J'ai coupé les vieilles boucles noires d'une de ces garces, leur ai flanqué des coups de cravache sur la tête, et j'en aurais tué quelques-unes quand Abbott et le révérend Sipes sont entrés ; la poussière est retombée et elles étaient toutes là, leurs *scalps* encore sur le crâne, moins quelques poignées de cheveux, et n'ayant subi aucun dommage, sinon que je les avais traînées sur le plancher sale, que leurs robes étaient à moitié déchirées, et qu'un jupon ou 2 manquaient. C'était drôle de voir comme ces méchantes femmes convenables ont oublié l'usage du mouchoir et ont mouché leurs nez morveux dans leurs jupons. Je parie que leurs jupons tiendraient droit tout seuls si elles les jetaient dans un coin. Tu aurais dû voir les hommes. Ils se sont tous ôté du chemin, mais ils n'ont pas raté le spectacle. Un jour, je finirai ce travail. Vois-tu, je porte un pantalon d'homme et ça me permettait de me déplacer pendant que ces femelles en jupon appelaient à l'aide. Une des aristocrates, Nat Sims, porte encore des paniers. Tu aurais dû la voir quand j'ai sauté du bar. J'ai attrapé sa jupe à paniers et ses 3 jupons et lui ai relevé le tout sur la tête. Elle ne pouvait pas se défendre, je l'ai donc eue juste là où je voulais l'avoir. Je lui ai arraché son pantalon long et l'ai laissée plantée là dans ses culottes de naissance pour que les hommes s'en paient une tranche. Ensuite, j'ai pris le pantalon et ses rangées de dentelle au crochet et l'ai noué au cou d'une autre femme qui était en train de me taper sur la tête. Quand j'ai vu sa langue pendre, je me suis attaquée à une autre. Si Abbott et

Sipes ne s'étaient pas montrés juste à ce moment, je les aurais toutes mises dans leur tenue de naissance. Au début de la bagarre, un nommé Scott a entrepris de me donner un coup de main, mais comme il savait que nous devrions les assommer, je lui ai dit que s'il me donnait assez de temps et de place, je pourrais m'en tirer seule. Il était trop gentleman pour assommer des femmes, aussi est-il resté à me regarder prendre ma part de coups de griffes et de baffes. Certaines m'ont même mordue, mais j'étais si joliment furieuse que je n'en ai rien senti jusqu'au lendemain. Te voilà fixée sur Deadwood et quand tu viendras par ici, si tu le fais jamais, Janey, et si on m'enterre à côté de ton père, et si certaines d'entre elles te toisent à cause de tes parents, tu fais transférer nos corps à Abilene, Kansas, ou ailleurs, si tu le désires ; d'un autre côté, si on t'y traite décemment... Souviens-toi, Janey, je veux que tu sois enterrée à côté de nous quand viendra pour toi le moment de franchir la grande ligne de partage. Je ne vivrai jamais jusqu'à un âge avancé, Janey. Je ne peux pas supporter cette vie horrible de très nombreuses années encore. Je pense quelquefois que je me remarierai et puis l'idée d'être pendue à la chemise d'un homme me rend malade. Je voudrais que les choses soient différentes et que je puisse continuer à traverser toutes ces années en sachant que je t'aurai un jour avec moi, mais tu te marieras tôt ou tard et tu seras peut-être une vieille femme avant que tu apprennes jamais qui était vraiment ta mère. Quand tu viendras ici, Janey, il y a quelques personnes que j'appelle des amis et que je veux que tu passes voir.

C'est tout pour cette fois, tu sais que je t'aime, Chérie.

Toujours ta mère.
Jane Hickok

Billings
1889

Très chère Janey,

me revoilà dans la ville de Billings. Cette femme n'est jamais revenue chercher son bébé. J'ai engagé une femme pour s'en occuper à Billings, afin que je puisse travailler. Ce n'est encore qu'un bébé. Son père vit à Lewistown, mais il est pauvre. À nous deux, nous nous arrangeons pour payer son entretien. J'ai l'intention de la prendre avec moi. Son père n'en veut pas, car il ne peut pas travailler et s'occuper d'un bébé, et il ne va pas très bien. Je suis idiote de toujours me casser la tête pour elle. Comme je te l'ai déjà dit, je n'y gagnerai qu'un coup de pied au cul, et c'est ce que j'ai déjà reçu d'eux tous. J'ai aussi pris soin d'un autre parent, il y a quelque temps. Ils vivent dans le Wyoming, où est né leur marmot. Je les ai aidés à s'en sortir parce qu'ils étaient trop pauvres pour se payer une sage-femme. Janey, ne te soucie pas de jamais aller les voir. Leur nom est Borner et c'est la plus belle équipe de [*menteurs ?*] que tu aies jamais vue. Un jour, j'ai vidé mon sac à Toby. Quand j'ai eu fini, il savait à quoi s'en tenir sur lui-même. Ils ne savent rien de toi, Janey. Ils ne sont pas dignes qu'on mentionne ton nom devant eux et la mère de la petite fille non plus, j'en ai honte. Tu te demandes peut-être où j'ai eu ce carnet où j'écris. C'est un nommé Calhoun qui me l'a donné. Il m'a vue écrire dans le vieil album de ta grand-maman Cannary et m'a demandé pourquoi je n'utilisais pas quelque chose dans ce genre et n'y plaçais pas les pages ajoutées et les photos. Il vit à Deadwood. Une fois, il est entré dans une bagarre générale, il a pris mon parti contre un homme hargneux et insultant, et qui m'a tellement mise en rogne que je lui ai flanqué un *uppercut* à la mâchoire qui l'a étendu. Calhoun lui a ri au nez. Une autre pensée : c'est sûr que Dieu [*effacé*] ici, à Deadwood, traite une femme qui s'occupe de ses propres affaires et c'est mon cas. Je leur raconte toutes sortes de mensonges juste pour entendre les écervelés agiter leurs langues pourries. Je nie même avoir été mariée avec ton père ou avoir divorcé d'avec lui. Je nie même t'avoir eue. Ce qui les rend malades, c'est ce qu'ils ne savent pas. Toi et ton papa Jim êtes les seuls qui sauront vraiment jamais et c'est tout ce dont je me soucie : juste toi et papa Jim O'Neil. Je voudrais mettre les choses au point pour ton père, Janey. Je sais maintenant qu'il y a eu un coup monté des gens de Deadwood pour le tuer. Sol Shose m'a dit qu'ils ne voulaient pas la loi et l'ordre et que ça ne les intéressait pas d'avoir un *US. Marshal* plein de cran.

Octobre 1890

Les années passent vite. Que de choses depuis que j'ai écrit pour la dernière fois dans ce carnet. Plus que tout autre chose, je chéris l'idée de ma visite, quand je suis allée vous voir, toi et ton papa Jim. C'est un homme si bien, ce Jim O'Neil et je suis si heureuse que tu aies une si jolie maison. Je conduis une diligence, ces temps-ci, j'ai fait des expériences vraiment terribles depuis que j'ai commencé ce genre de travail. Le révérend Sipes et Teddy Blue Abbott m'ont trouvé ce boulot. Ils semblaient penser que ça valait mieux qu'être hôtesse dans un *saloon.* Tu vois que ta mère travaille pour gagner sa vie. Un jour, j'ai du poulet à manger et le lendemain les plumes. Hier, je suis tombée sur Jack Dalton. On dit que c'est un hors-la-loi, mais tout au fond de son cœur, il est bon. Il partagerait son dernier sou avec n'importe lequel de ses vieux copains. Il a l'air d'un [*effacé*]. Il lui reste quelques cicatrices de certaines de ses rixes. Il se trouvait dans le *saloon,* à Deadwood, quand ton propre père a été tué. Il pourrait se vanter d'avoir une carrière turbulente de bagarreur, mais ce n'est pas un fanfaron. C'est tout pour ce soir.

25 septembre 1891

J'ai eu du spectacle, aujourd'hui. Il y avait un certain nombre d'Indiens cheyennes à quelque distance de la diligence. J'ai mis pied à terre et ai trouvé les « démons » qui coupaient les langues des bêtes en liberté. J'ai fait la seule chose possible : je leur ai foncé dessus. « Langues de vache bonnes », c'est tout ce qu'ils savaient dire. Les malheureux animaux saignaient à mort. Je me suis mise dans une telle fureur que j'ai tiré mon pistolet et les ai enfermés dans la diligence et les ai emmenés à Deadwood. J'ai aussi emporté les langues comme pièces à conviction.

C'est ton anniversaire. Tu as 18 ans aujourd'hui et une lettre est arrivée de ton papa Jim, cher vieux capitaine. Je l'aime tant, Janey. Il a été un père si merveilleux pour toi. Cela me fait mal au cœur de penser à toutes les années où il a poursuivi sa route sans sa femme. Pourquoi Dieu laisse-t-il pareilles choses arriver ?

J'ai fait quelque chose de fou. Il y a quelque temps, j'ai épousé Charley Burke. Il m'a eue dans un moment de faiblesse et nous nous sommes mariés. C'est un brave homme, honnête et carré, mais je ne l'aime pas, Chérie. J'aime toujours ton père, Bill Hickok. Mais Charley a presque mon âge, les cheveux noirs, les yeux bleus. Le mariage n'est pas vraiment un roman. Nous nous sommes mariés au bord de la rivière, sous un massif de peupliers des marais. Janey, les rayons du soleil perçaient doucement entre les branches des arbres et semblaient répandre la splendeur d'une lumière radieuse sur notre groupe d'amis. La clarté du soleil était comme une bénédiction. Naturellement, j'ai pleuré. Je braille tout le temps. Je sais que tu prends plaisir à ton voyage. Je t'envie. Bonne nuit, Chérie.

1891
Billings

Janey chérie,

voilà que je néglige mes plans, et tu as 18 ans, et je reverrai ma petite fille. C'est presque la dernière page du carnet de Calhoun, aussi, à partir de maintenant, j'écrirai dans l'album. Je n'aime pas que leur petite fille appartienne à cette femme. Elle est exactement comme sa mère. Il faudra que je la place à l'orphelinat pendant mon absence. Ton papa Jim m'a écrit que tu étais fiancée avec un nommé Oakes. J'espère que ce n'est pas cet affreux Jack Oakes que je connais. Au revoir, Chérie.

Ta mère
Jane Hickok

10 mai 1893

Coulson n'est pas aussi prospère que quand je me suis mise pour la première fois à écrire ce journal, mais il nous reste Junction City et Billings. Tu devrais être ici, dans ce pays. Billings est une ville assez vivante. Elle fait vivre dans les 1 500 durs. C'est une époque agitée : on dirait l'enfer sur terre. Ces parasites humains prospèrent, hommes et femmes. Les citoyens respectables de la ville sont impuissants, ils ne peuvent même pas contrôler les élections, et la police estime qu'ils risqueraient l'annihilation totale s'ils tentaient des coups de main sur les bouges, qui ne désemplissent pas ; les *saloons* et les maisons de plaisir se succèdent *blocks* après *blocks*. Au centre de ce tourbillon de *saloons* et de cabarets, on peut voir la maison de *Madam* Feeley ; on peut voir le moyeu de la roue, d'où partent les rayons de moindre importance. Tout ancien de la Yellowstone Valley peut parler de la maison Feeley. C'est un grand immeuble aux fenêtres brillamment illuminées. L'établissement entretient une équipe de videurs professionnels pour préserver un certain calme. *Madam* Feeley règne en souveraine. C'est une anomalie : une femme extrêmement séduisante qui n'est ni sans pitié ni sans scrupule. Elle exerce une fascination qui joue sur ses filles. J'ai entendu dire l'autre jour qu'un nommé Anderson avait fréquenté la boîte Feeley en jouant les importants. Un jour, il s'est enfui avec une des filles. Quand Feeley l'a rattrapé, elle l'a écrasé aussi calmement qu'elle l'aurait fait d'une mouche. Comme elle a découvert que sa femme et ses enfants avaient froid et faim et qu'ils étaient malades, elle a commandé des articles d'épicerie, du pétrole, et un docteur pour s'occuper d'eux jusqu'à ce que la famille Anderson soit remise sur pied. Feeley n'a jamais fait savoir qu'elle était la bienfaitrice. Si ce que les hommes veulent, c'est prendre des cuites énormes et pousser des gueulantes à tout casser, ils l'ont.

Leur argent leur brûle les poches et y fait des trous, mais il va aussi dans d'autres boîtes que celle de Feeley. On trouve près de Yellowstone Valley un rayon secondaire de la roue. Au sous-sol, des antres puants, mal éclairés, petits, infects et dangereux, où une trappe ouvre directement sur la rivière pour liquider ceux qui ne peuvent tout simplement pas encaisser l'endroit. Le plus souvent, ils sont dépouillés et jetés à l'eau, parce que la bande pense que ce sont des indicateurs et des mouchards. Je te raconte ça parce que je veux que tu saches le genre de monde que nous avons ici.

Certains pensent que le monde doit les entretenir, mais il ne doit, n'a jamais dû et ne devra jamais à personne les moyens de vivre. Je pense prendre une ferme à l'ouest de Billings, en amont de Canyon Creek. Mon cheval Satan est mort. Je l'ai fait enterrer dans les collines, près de Deadwood. Il était si vieux, lui aussi. Rien ne l'a rendu malade, sinon la vieillesse. Il faisait tant de choses gentilles. Il s'agenouillait pour que je mette pied à terre, donnait la patte et comprenait tout ce que je lui disais. J'avais un sac d'avoine : il venait chaque jour à ma porte pour en avoir une écuelle. Je puisais l'avoine devant lui dans le sac. Un jour, il est venu, je lui ai montré le sac vide et lui ai dit qu'il n'y en avait plus. Il est parti vers les collines et n'est jamais revenu m'en demander. Il savait. Il comprenait. Bon, voilà que je mouille ce vieil album de mes larmes en pensant à mon pauvre vieux copain fidèle.

Bonne nuit, Janey, jusqu'à la prochaine fois.

Juillet 1893

Aujourd'hui, j'ai fait l'expérience du pire orage de grêle que j'aie jamais vu dans ce pays, et je ne m'attends pas à en revoir un autre comme ça, même si je vis jusqu'à 100 ans. Je conduisais la diligence. Des grêlons aussi gros que des tasses à café frappaient le toit de la voiture et le fendaient comme à coups de couteau. Je passais près d'une cabane abandonnée ; il y avait une étable à côté, et je me suis hâtée d'y pousser les chevaux. Ça n'a pas été inutile, mais l'arrière de la diligence a dû rester sous la tempête. Je ne suis pas entrée assez vite dans l'étable, car quand tout a été terminé, je me suis aperçue qu'un des chevaux avait été frappé si fort par un grêlon qu'il avait un œil crevé. Les Indiens ont subi des pertes aussi bien que les Blancs. J'ai vu des centaines de bestiaux et de chevaux qui descendaient au fil de la rivière. J'ai reçu aujourd'hui une lettre de Bill Cody me demandant de me joindre à son Wild West Show. La prochaine fois que j'écrirai dans cet album, je serai loin d'ici.

25 juillet 1893

Je pars la semaine prochaine rejoindre le Wild West Show de Bill Cody. J'imagine que tu te demanderas ce que je vais faire là-bas. Je monte un cheval à cru. Je me tiens debout sur son dos, je jette en l'air mon vieux Stetson et je tire deux fois sur lui avant qu'il me retombe sur la tête. Je ferai toutes sortes de trucs à cheval, du tir acrobatique, et bientôt, quand le spectacle sera prêt, peut-être toi et ton papa Jim serez-vous là pour me voir. Bien sûr, tu ne sauras pas qui je suis, mais je saurai que tu es ma petite fille à moi, bien que tu aies grandi. Il faut que je te dise quelque chose. Je viens d'acheter à Joe Stager 320 acres — une demi-section — en amont de Canyon Creek, 7 ou 8 *miles* à l'ouest de Billings. J'y ai une cabane en rondins. J'ai payé la chose à Joe 1 dollar l'acre. J'ai toujours voulu un foyer où revenir, un toit sur ma tête que je puisse appeler mon chez-moi. Il y a une cabane pas très loin de la mienne et une bande de hors-la-loi y vit. Je leur cuisine des tas de choses. Ils me paient bien pour tout. Ce qu'ils font ne me regarde pas. Je ne les dérange pas du tout. Laisser tranquilles les chiens qui dorment, c'est ma devise. Certains disent que ce sont des voleurs de chevaux. Si c'est vrai, je ne prends pas le risque de fouiner. Je leur ai cuit 2 douzaines de pains cette semaine, 8 gâteaux, 15 tartes[1]. Ils me paient 50 *cents* la tarte, 20 *cents* le pain, et 1 dollar le gâteau. Je vais t'écrire mes recettes. Peut-être un jour aimeras-tu savoir si je savais ou non cuisiner. Je suis fière de ma cuisine, spécialement de mes plats de poissons, de mes gâteaux et de mes tartes. Je fabrique des recettes et les essaye sur ces hors-la-loi d'en face. Je vais d'abord te donner mon

gâteau de 20 ans

25 œufs battus à part
2 livres 1/2 de sucre
2 livres 1/2 de farine

1. *A mince pie :* petite tarte faite de *mincemeat,* compote de raisins secs, de pommes, d'amandes, etc., liée avec de la graisse et du cognac.

2 livres 1/2 de beurre
7 livres 1/2 de raisins secs égrugés
1 livre 1/2 de citrons coupés très fins
5 livres de groseilles
1 pinte d'eau-de-vie
1/4 d'once de clous de girofle
1/2 once de cannelle
2 onces de fleur de muscade
2 onces de noix muscade
2 cuillers à thé de levure de bière ou
2 cuillers à thé de bicarbonate de soude et 3 de crème de tartre[1].

Ce gâteau est insurpassable et restera bon jusqu'à la dernière miette pendant 20 ans. Verser la pinte d'eau-de-vie sur le gâteau encore chaud. Mettre dans un pot de terre étanche. Cela fera 3 gâteaux de 8 livres chacun.

1. Bitartrate de potassium.

Et maintenant ma levure de bière, avec laquelle je fais le meilleur pain du monde. Un de ces jours, essaye ça pour toi-même et pense à moi. Je l'appelle

la meilleure levure du monde

Le lundi matin, faire bouillir 1 pinte de houblon dans 2 *gallons* d'eau pendant 1/2 heure. Filtrer dans un pot et laisser tiédir. Ajouter 2 cuillers à soupe de sel et 1/2 pinte de farine et aussi 1/2 pinte de cassonade. Bien remuer.

Le mercredi, ajouter 3 livres de purée de pommes de terre et laisser reposer jusqu'au jeudi, filtrer dans des cruches de pierre, ne pas trop enfoncer les bouchons, remuer de temps en temps et garder près du feu. Elle doit avoir 2 semaines d'âge avant utilisation. Ensuite, conserver au frais. Ça s'améliore en vieillissant. Secouer la cruche avant de s'en servir, mais ôter le bouchon avant de secouer et tenir la paume de la main sur le goulot pour empêcher la levure de s'échapper. Cette recette donne le plus épatant des pains.

Et maintenant, ma sauce au raifort. 1 tasse de raifort grillé. 2 cuillers à soupe de sel. 1 pinte 1/2 de vinaigre froid. Mettre en bouteille et cacheter et, pour faire la sauce, en prendre deux cuillers à soupe, ajouter 1 cuiller à dessert d'huile d'olive ou de beurre fondu et 1 cuiller de moutarde préparée.

Cette sauce est délicieuse.

Pour faire des omelettes, battre les œufs : 12 coups, c'est le nombre magique, trop battre donne un air trop mince à l'omelette. Ajouter 3 cuillers à thé de lait par œuf. Ajouter sel et poivre aux jaunes et, pour finir, les blancs battus jusqu'à consistance. Chauffer la poêle. Ne jamais utiliser que 4 œufs par omelette. En faire autant que nécessaire (mais avec 4 œufs seulement) et ajouter aux blancs 1 cuiller à thé de poudre à lever. Quand c'est prêt à être servi, ajouter des abats de volaille ou n'importe quelle sorte de viande hachée préalablement cuite et chaude dans les rouleaux d'omelettes ; on peut également ajouter des légumes dans les rouleaux — cuits et prêts à être servis. Enduire la poêle de beurre — une noix de beurre — avant de faire frire ou de faire cuire au four l'omelette. Ajouter aux blancs de la poudre à lever.

Des amis m'ont rapporté du Missouri des pacanes[1] que j'écale et roule

1. Noix du pacanier.

en tout petits morceaux et souvent je les parsème dans les rouleaux d'omelette ou dans de la pâte à crêpes et je les appelle crêpes aux noix et aux pommes de terre. J'utilise 1/2 tasse de purée de pommes de terre, 1/2 tasse de beurre, 1/2 tasse de noix muscades cassées, 2 œufs, 1/2 tasse de lait, assez de farine pour faire de la pâte dans laquelle ont été tamisées 2 cuillers 1/2 à thé de poudre à lever. Tout le monde aime ça servi avec du vrai sirop d'érable et du beurre et du jambon ou du bacon frit. Si tu veux mettre de côté pour quelque temps un jambon entamé, frotte-le avec de la farine de maïs, et il se conserve sans devenir rance. Quand on prépare du maquereau ou du saumon, mettre le poisson dans un plat, recouvrir de miettes de biscuits durs et de crème épaisse et faire cuire 30 minutes dans un four chaud. Ce poisson, je l'appelle le maquereau suprême ou le saumon intellectuel[1]. Tout biscuit ou pain doit être piqué avec une fourchette avant d'être placé dans le four. Je ne vois pas d'autres recettes pour le moment, mais, pour continuer, je dois te parler de John Tinckler, le notaire [*recorder*] ; c'est un très brave homme, et il a dit qu'il m'aiderait à rédiger mon testament quand je voudrai en faire 1 pour toi. Je n'ai pas grand-chose, mais je veux que tu aies mon ranch en amont de Canyon Creek, ainsi que quelques souvenirs et photos. Tu es tout ce que j'ai. Bon, la prochaine fois, j'écrirai de quelque part dans l'Est avec Buffalo Bill Cody. Bonne nuit, Chérie. Comme j'aimerais pouvoir te voir ainsi que ton papa Jim

1. *Salmon High Brow.*

O'Neil. Dieu le bénisse. Quand il mourra, le monde aura perdu un homme au cœur loyal et sincère.

[sans date]

Ma chérie, un jour, il se peut que tu viennes dans l'Ouest et tu entendras un tas de mensonges sur ta mère. Souviens-toi bien, quand tu entendras parler de Belle Starr, que ce n'est pas une parente à moi. Souviens-t'en toujours. Je ne peux te dire pourquoi. Je t'avertis seulement que certains nous disent parentes. Elle est vieille et méchante.

Ton père, James Butler Hickok, m'a quittée après ta naissance, et j'ai laissé les O'Neil t'adopter pour le contrarier. Il avait peur de sa concubine et m'a laissée seule et malade.

Je veux te parler d'un jeune garçon que j'ai rencontré l'autre jour, ces vieux piqueurs de vaches aiment le tourmenter. S'il vit assez longtemps pour être un vieil homme, si tu viens dans ce pays et si jamais tu trouves un juste devant Dieu à qui tu entends toujours dire une bonne parole en ma faveur, demande son nom à cet homme, et je parie que ce sera Ben Greenwugh. Il n'a pas l'esprit assez bas pour cancaner sur ta mère comme le font certains de ces hommes. Tu le trouveras un jour et lui diras merci pour sa gentillesse. Je l'aime beaucoup. À présent il est jeune et vert, mais un jour je ne craindrais pas de miser tout ce que j'ai sur Ben Greenwugh. C'est une bonne chose que tu ne saches pas comment ta mère doit vivre par ici en ces jours agités. Je me mêle de ce qui me regarde, mais rappelle-toi toujours que s'il y a une chose que le monde déteste, c'est une femme qui se mêle de ce qui la regarde. On raconte des choses horribles sur moi. Rien de cela n'est vrai. Chaque fois que je parle à un homme, on m'accuse d'être une roulure sans moralité. Il a suffi que je prenne sous mon aile plusieurs pauvres garçons différents, comme le fils Stewart et Ben Greenwugh, afin de les aider quand ils étaient malades, et voilà les langues qui vont bon train. J'aime espérer qu'un jour tu pourras les connaître eux aussi, Janey.

Ces autres femmes qui jasent sur moi ont eu des bâtards et des mariages à la sauvette. J'en ai soigné un certain nombre au moment de leur accouchement, avec pour seul salaire un coup de pied au cul quand j'ai eu le dos tourné. Elles savent que je suis au courant de ce qui les concerne et elles cherchent à atténuer leurs propres péchés en mentant sur mon compte. Elles ont du ventre, du poil aux jambes et ressemblent à quelque charogne que le chat aurait rapportée. Mais elles agitent leurs langues derrière mon dos. Je voudrais pouvoir condamner leurs âmes à l'enfer.

J'imagine que maintenant que je rejoins le Wild West Show de Buffalo Bill elles auront la certitude, au fond de leurs cœurs hypocrites, que je suis vouée à l'enfer. Belle Starr n'est pas ma parente. J'aurais honte si elle l'était. Elle est mauvaise. Mais elle est en train de devenir célèbre.

New York City
1896

Chère Janey,

nous voilà à New York City. Le spectacle est un succès. Quelles foules pour s'égosiller et applaudir à tout rompre. D'ici, nous allons à Richmond. Je me propose de te voir, Chérie. Nous y serons jeudi soir et peu après nous partirons pour l'Europe. Je voudrais pouvoir m'embarquer sur le même bateau que le capitaine O'Neil et toi, s'il se trouve que nous partons au même moment que lui. C'est tout pour ce soir. Je suis fatiguée. Je vis tout simplement sur les nerfs. Buffalo Bill est si bon pour moi. Lui et ton père étaient grands amis. Il connaît son Ouest, il le connaît assez bien pour en tirer une fortune.

Bonne nuit, Chérie.

Richmond
Une semaine plus tard

Chère Janey,

comme Richmond est belle. Comme je voudrais pouvoir rester ici pour toujours. Eh bien, je t'ai vue, ce soir, et tu m'as vue toi aussi, mais tu ne sais pas que cette femme, que tu regardais et qui se tenait debout sur un cheval nu en tirant des coups de feu, était ta mère. J'ai vu dans tes yeux de l'admiration et de l'émerveillement : je suis passée aussi près de toi et de Jim que je l'ai osé. Et après le spectacle, il m'a dit combien il était fier de toi. C'est sûr qu'il t'habille drôlement bien. Je suis si heureuse. Quand je pense que son bateau prend la mer à la même date que celui que Bill Cody a affrété. Et je peux partir sur le *Madagascar* avec toi. Je me traînerais sur les genoux seulement pour être près de toi. J'espère que l'homme qui t'accompagnait ce soir n'a pas d'importance pour toi. Mais j'ai peur qu'il en ait. Il est 3 heures du matin, je dois aller au lit. C'est mon troisième voyage ici, à Richmond. Quand j'y suis venue, il y a tant d'années, tu n'étais qu'une petite fille. Ô Janey, les années m'ont dépouillée trop vite — oui, les années t'ont volée à moi. Toutes ces années, je ne voulais rien d'autre que toi. Peut-être un jour, après que tu auras perdu tout ce que tu auras jamais aimé, et quand tu seras toi-même une vieille femme, alors peut-être sauras-tu ce que je ressens. Encore 10 ans d'épreuves, et ce sera ma fin. Ta mère descend la pente. Si jamais tu te maries et tu as une petite fille, je la volerai. J'ai besoin d'une petite petite-fille. Ce serait mon bien le plus précieux.

Tu entendras répéter les tas de mensonges que j'ai racontés concernant mes propres affaires. C'est mieux ainsi.

Deadwood
Juillet 1898

Les années ont passé et je suis de retour à Deadwood. Je suis fatiguée et me sens si vieille. Je suis de nouveau infirmière. Je peux toujours me rabattre sur ça. Je me languissais tant de notre vieil Ouest, j'étais si dégoûtée de vadrouiller dans le monde entier. Seigneur ! comme j'ai haï l'Angleterre, avec ses snobs, ses femmes bonnes à rien, leurs airs affectés et leur accent. Ils ont oublié qu'une poignée d'Américains leur a flanqué la raclée, il n'y a pas si longtemps.

J'avais envie de le crier du haut des arbres. Je n'ai jamais vu autant de parasites humains qu'il y en a en Angleterre, en particulier les femmes avec leurs types. Sous prétexte qu'ils se transmettent d'une génération à l'autre une vieille propriété infestée de punaises, ils ont dans l'idée qu'ils sont des aristocrates, alors qu'à parler net ce sont tout bonnement des indigents. Si jamais tu reçois ceci, alors tu sauras ce qu'étaient vraiment les femmes à bord du bateau de ton papa Jim. Quand tu m'as dit que tu pensais pouvoir épouser un jour cet homme que Jim et moi n'aimions pas, ça m'a presque terrassée. Mais ça ne sert à rien de dire à qui que ce soit ce qu'il ne faut pas faire ou de parler à quelqu'un de vos propres expériences pour l'aider à voir ce qu'il convient de faire. Il faut faire sa propre expérience, aussi l'ai-je bouclée. Ce jeune homme de ton âge est celui à qui je voudrais te voir mariée. Mes yeux me tracassent beaucoup ces temps-ci. Je vais redescendre à cheval au Wyoming. J'y passerai 1 an ou 2. Si seulement je peux conserver ma bonne santé et mon sens de l'humour, ça ira bien pour moi. La guerre hispano-américaine a commencé. Si je n'étais pas si vieille, j'irais soigner nos garçons qui sont malades et meurent dans cet horrible pays.

Je rate toujours ces guerres. Je n'avais que 10 ans à l'époque de la Guerre civile [*la guerre de Sécession*], et à présent je suis trop vieille pour cette guerre avec l'Espagne. L'excitation est à son comble, je suis heureuse de n'avoir pas de fils qui partent. La prochaine fois, je t'écrirai de quelque part dans le Wyoming. J'ai un magnifique cheval de selle, mais aucun ne peut se comparer avec celui qui s'appelait Satan. S'il y a un paradis pour les chevaux, je suis certaine qu'il y est, là où il n'y a pas d'hivers froids et où ne manque pas le fourrage.

Bonne nuit Janey.

Le général Allen est un ami à moi. Va le trouver sans faute. Je n'ai pas d'amies.

Stringtown

L'hiver est de retour, et je suis pour un temps dans ces parages, chez les Clark Fork. Cette vie est un long cauchemar hideux. Ce pays est très beau, mais je me mets à le haïr parce qu'il m'a pris tout ce que j'ai jamais aimé. Il m'a pris Bill, c'est pour ça que j'ai dû t'abandonner. Il m'a détruite, ce pays. Je ne suis pas vieille, Janey, mais je me sens comme au bout de ma course.

J'espère que tu ne confonds pas les 2 James Hickok. Ton père était James Butler Hickok, tué en 1876 à Deadwood. L'autre du même nom, et que parfois on appelle lui aussi Wild Bill, était encore en vie en 1896. Tous deux travaillaient pour le gouvernement, tous deux étaient connus pour avoir souvent tué en état de légitime défense. Et tous deux jouaient ; ils couraient aussi les femmes, mais mon Bill n'a couru qu'1 autre femme en dehors de moi. Il la tolérait parce qu'il en avait peur. Je sais qu'il m'aimait, ou autrement, il ne m'aurait pas épousée.

[sans date]

Et maintenant, tu es une femme mariée, tu as une petite fille. Comme je l'aimerais. J'aimerais pouvoir lui donner un nom. Ce serait Jessie Elizabeth, pas Betty Jane, le nom que Jim m'apprend. Je suis vieille et bizarre, Janey.

17 novembre 1900

Ma Janey chérie,

me voilà dans le Colorado ; j'ai été traitée comme une reine ici, quand j'étais sur le ranch de Collins. Ce sont de braves gens et je ne regretterai jamais d'être venue ici. Je suis montée faire une partie de chasse dans le Thompson Canyon. Je me plais ici, au Colorado, et si la chance le voulait, ce serait l'État où je vivrais. Mon écriture va de pire en pire. Mes mains et mes bras sont quelquefois si engourdis que je peux à peine écrire. J'ai raconté aux gens d'ici le coup monté contre Wild Bill à Deadwood, et n'oublie pas qu'ils ont mis le paquet et que pour l'écarter du chemin ils ont engagé pour le descendre cet idiot de McCall, mais ils ont conclu que ça ne ferait pas bonne impression s'ils le laissaient s'échapper une deuxième fois, si bien qu'ils l'ont pendu. Il m'a raconté qu'on l'avait payé 1 000 dollars pour faire ça. Il m'a dit qu'il avait caché l'or dans une de ces huttes crasseuses qui se trouvaient dans le ravin. Je ne l'ai jamais cherché, car ça me rendait malade rien que d'y penser. Il m'a dit que Floyd et Frank Smith, Hank Simms et Tom Cockill, Shorty Burton, Rufe Dougal — le 1/2 frère des 2 McDougal —, devaient prêter main-forte aux garçons Charles. Ned Perr [*effacé*] tous ici de payer 1 000 dollars.

Milles City
20 janvier 1901

Ma Chère Janey,

me voilà à Miles City. C'est une vraie ville, aussi affairée qu'un marchand d'airelles. Tout le monde ici se mêle de ce qui le regarde. J'aime bien mieux cet endroit que Deadwood, mais je n'aime aucun endroit très longtemps. C'est bien simple, je suis toujours en mouvement. À présent, je suis la plupart du temps fauchée et mes yeux me donnent du souci. Tout ce qu'il me reste à faire désormais, Janey, c'est supporter de devenir aveugle ; et j'ai appris que tu as des chagrins toi aussi, que tu as perdu ta petite fille. C'était le pire qui pouvait t'arriver, Chérie, ce doit être la mort vivante. Penses-tu que Oakes y était pour quelque chose ? Je crois vraiment que oui : je me demande souvent si vous vous entendez, toi et Burkhart. Je parierais une jolie somme qu'avant longtemps tu douteras de lui. Tu es exactement comme moi, Janey. Je m'en vais dans les Bad Lands mener le bétail pour le compte d'une boîte pas loin de Fargo — au nord de Turg, je veux dire. Quand ce boulot sera terminé, alors j'en aurai fini avec Burke. Passe chez les McLelan, si jamais tu viens à Fargo. Je vais voir où va devoir se faire le mariage à la sauvette de cette fille dont la mère n'est jamais revenue. Elle est folle d'un type. Un nommé Mulog me demande l'histoire de ma vie et tu aurais dû entendre les mensonges que je lui ai racontés. Le vieil abruti. Il a dit qu'il ferait de l'argent pour moi en les vendant. Je n'ai pas mentionné que j'avais été mariée avec ton père ou que je l'avais très bien connu. C'est mieux ainsi, Janey, mais j'ai menti, et s'il veut imprimer des mensonges pour en tirer de l'argent, c'est son affaire. J'ai fait celle qui savait à peine écrire. Comme histoire de ma vie, ça sera donc soigné.

J'ai été malade, Janey ; j'ai dû aller à la campagne pour y chercher de l'aide. Maintenant, je n'ai que craintes pour l'avenir, Chérie. On ne peut revenir en arrière. Je ne veux pas accepter la mort. Souviens-toi que l'amour n'est pas la passion — notre espérance —, mais avec les jours et les années, tu t'en apercevras.

[*Effacé*] assez vieux pour être son père. Son nom est Dorsett, et il devrait savoir à quoi s'en tenir, mais Jessie Elizabeth lui est tout le temps après. Eh bien, je suis [*effacé*] à sortir le fusil chaque fois que c'est nécessaire. Elle a 14 ans, et c'est l'enfant la plus méchante que j'aie jamais connue. Il y a quelque chose que j'aimerais te dire et si seulement j'étais sûre que ces pages tomberont entre tes mains, je t'apprendrais un tas de nouvelles. Revois ton papa Jim. J'ai une chose à lui dire ; s'il veut, il peut te la répéter.

Deadwood
Avril 1902

Chère Janey,

Je pense que mon journal est près de s'achever. Je deviens aveugle : je peux encore assez voir pour écrire ceci, mais je ne peux continuer à vivre une vieillesse avaricieuse. Tout espoir est mort pour toujours, Janey. Qu'ai-je jamais fait, sinon commettre bévue après bévue ? Tout ce qui me reste, ce sont ces petites photos de toi et de ton père. Je ne peux pas continuer en étant aveugle, et le docteur m'a dit hier que dans 2 mois je serai absolument aveugle. Oh, comme je voudrais avoir à revivre ma vie.

Je hais la pauvreté et la saleté, et ici je devrai y vivre mes derniers jours. Ne me plains pas, Janey.

Pardonne toutes mes fautes et le mal que je t'ai fait.

Juin

Je suis malade et n'ai plus longtemps à vivre. J'emporte de nombreux secrets avec moi, Janey. Ce que je suis et ce que j'aurais pu être.

Je ne suis pas aussi noire qu'on m'a dépeinte. Je veux que tu le croies.

Mes yeux m'ont privée du plaisir que je pouvais prendre à regarder ta photo. Je ne peux plus voir pour écrire. Je dois te dire quelque chose. Si jamais tu viens ici, répare ma vieille maison et ne manque pas d'aller trouver le général Allen, de Billings. C'était un bon ami.

Il y a quelque chose que je devrais te confesser, mais je ne peux tout simplement pas. Je l'emporterai dans ma tombe : pardonne-moi et songe que j'étais solitaire.

Rivages poche / Bibliothèque étrangère

Harold Acton
Pivoines et poneys (n° 73)

Sholem Aleikhem
Menahem-Mendl le rêveur (n° 84)

Jessica Anderson
Tirra Lirra (n° 194)

Reinaldo Arenas
Le Portier (n° 26)

Quentin Bell
Le Dossier Brandon (n° 102)

Stefano Benni
Baol (n° 179)

Ambrose Bierce
Le Dictionnaire du Diable (n° 11)
Contes noirs (n° 59)
En plein cœur de la vie (n° 79)
En plein cœur de la vie, vol. II (n° 100)
De telles choses sont-elles possibles ? (n° 130)
Fables fantastiques (n° 170)
Le Moine et la fille du bourreau (n° 206)

Paul Bowles
Le Scorpion (n° 3)
L'Écho (n° 23)
Un thé sur la montagne (n° 30)

Emily Brontë
Les Hauts de Hurle-Vent (n° 95)

Robert Olen Butler
Un doux parfum d'exil (n° 197)

Calamity Jane
Lettres à sa fille (n° 232)

Peter Cameron
Week-end (n° 245)

Ethan Canin
L'Empereur de l'air (n° 109)
Blue River (n° 157)

Truman Capote
Un été indien (n° 9)

Willa Cather
Mon ennemi mortel (n° 74)
Une dame perdue (n° 101)
Destins obscurs (n° 117)
La Mort et l'Archevêque (n° 144)
Mon Ántonia (n° 159)
La Maison du professeur (n° 217)

Fausta Cialente
Les Quatre Filles Wieselberger (n° 10)

Barbara Comyns
Les Infortunes d'Alice (n° 94)

Joseph Conrad
Le Duel (n° 106)

Lettice Cooper
Une journée avec Rhoda (n° 137)

Giuseppe Culicchia
Patatras (n° 227)

Silvio D'Arzo
Maison des autres (n° 78)

Robertson Davies
L'Objet du scandale (n° 234)

Angela Davis-Gardner
Un refuge en ce monde (n° 118)
Felice (n° 203)

Andrea De Carlo
Oiseaux de cage et de volière (n° 178)

Walter de la Mare
L'Amandier (n° 108)
Du fond de l'abîme (n° 141)
À première vue (n° 219)

Daniele Del Giudice
Le Stade de Wimbledon (n° 209)

Erri De Luca
Une fois, un jour (n° 119)
Acide, arc-en-ciel (n° 201)
En haut à gauche (n° 251)

Alfred Döblin
L'Assassinat d'une renoncule (n° 25)

Heimito von Doderer
Un meurtre que tout le monde commet (n° 14)

Michael Dorris
Un radeau jaune sur l'eau bleue (n° 121)

John Meade Falkner
Le Stradivarius perdu (n° 153)

Eva Figges
Lumière (n° 5)

Richard Ford
Rock Springs (n° 220)

Mavis Gallant
Les Quatre Saisons (n° 82)
Voyageurs en souffrance (n° 175)
L'Été d'un célibataire (n° 205)
Chroniques de Mai 68 (n° 246)

William Gass
Au cœur du cœur de ce pays (n° 146)

Kaye Gibbons
Ellen Foster (n° 4)
Une femme vertueuse (n° 31)

Barry Gifford
Les Vies parallèles de Jack Kerouac (n° 81)
Paysage avec voyageur (n° 133)

Lars Gustafsson
Musique funèbre (n° 135)

MacDonald Harris
La Valise de Hemingway (n° 149)

Christopher Isherwood
Le Condor (n° 28)

Henry James
Mémoires d'un jeune garçon (n° 27)
Owen Wingrave (n° 36)
Le Dernier des Valerii (n° 62)
Un épisode international (n° 97)

Diane Johnson
Nuits persanes (n° 185)

Elizabeth Jolley
L'Héritage de Miss Peabody (n° 87)
Tombé du ciel (n° 131)
Foxybaby (n° 161)

Barbara Kingsolver
L'Arbre aux haricots (n° 224)
Les Cochons au paradis (n° 242)

Rudyard Kipling
Le Miracle de saint Jubanus (n° 85)

Mirko Kovač
La Vie de Malvina Trifković (n° 111)

Gavin Lambert
Le Crime de Hannah Kingdom (n° 104)

Ella Leffland
Rose Munck (n° 134)

David Lodge
Jeu de société (n° 44)
Changement de décor (n° 54)
Un tout petit monde (n° 69)
La Chute du British Museum (n° 93)
Nouvelles du Paradis (n° 124)
Jeux de maux (n° 154)
Hors de l'abri (n° 189)
L'homme qui ne voulait plus se lever (n° 212)
Thérapie (n° 240)

Rosetta Loy
Les Routes de poussière (n° 164)

Alison Lurie
Les Amours d'Emily Turner (n° 7)
La Ville de nulle part (n° 21)

Frank Moorhouse
Quarante/Dix-sept (n° 112)
Guido Morselli
Dissipatio (n° 173)
Alice Munro
Les Lunes de Jupiter (n° 147)
Amie de ma jeunesse (n° 198)
Vladimir Nabokov
L'Enchanteur (n° 215)
Roger Nimier
Les Indes Galandes (n° 64)
Whitney Otto
Le Jour du patchwork (n° 184)
Cynthia Ozick
Le Rabbi païen (n° 29)
Grace Paley
Les Petits Riens de la vie (n° 1)
Plus tard le même jour (n° 13)
Énorme changement de dernière minute (n° 163)
Victor Paskov
Ballade pour Georg Henig (n° 33)
Pier Paolo Pasolini
Descriptions de descriptions (n° 168)
Walker Percy
Le Cinéphile (n° 18)
L'Amour parmi les ruines (n° 88)
Les Signes de l'apocalypse (n° 172)
Barbara Pym
Adam et Cassandra (n° 15)

Secret, très secret (n° 35)
Lorsqu'un matin d'orage (n° 47)
Elisabetta Rasy
La Première extase (n° 228)
Umberto Saba
Couleur du temps (n° 6)
Comme un vieillard qui rêve (n° 17)
Lisa Saint-Aubin de Terán
Les Jours de l'Orénoque (n° 90)
John Saul
Baraka (n° 142)
De si bons Américains (n° 183)
Mort d'un général (n° 216)
Karel Schoeman
En étrange pays (n° 249)
Budd Schulberg
Un homme dans la foule (n° 76)
Le Désenchanté (n° 77)
Le Visage de Hollywood (n° 156)
Carl Seelig
Promenades avec Robert Walser (n° 65)
Carol Shields
Swann (n° 126)
La République de l'amour (n° 160)
Jane Smiley
Portraits d'après nature (n° 148)
L'Exploitation (n° 199)
Un appartement à New York (n° 218)
Natsumé Sôseki
Oreiller d'herbes (n° 2)

Clair-obscur (n° 22)
Le Voyageur (n° 122)

Elizabeth Spencer
Nouvelles du Sud (n° 188)

Tilman Spengler
Le Cerveau de Lénine (n° 151)

Robert Louis Stevenson
Fables (n° 20)
La Magicienne (n° 34)
Olalla (n° 56)

Italo Svevo
Le Destin des souvenirs (n° 12)

Paco Ignacio Taibo II
Le Rendez-vous des héros (n° 204)

Elizabeth Taylor
Angel (n° 41)
Mrs. Palfrey, Hôtel Claremont (n° 67)
Cher Edmund (n° 98)
Noces de faïence (n° 125)
Une saison d'été (n° 155)
La Bonté même (n° 190)
Le Papier tue-mouches (n° 250)

Alberto Vigevani
Le Tablier rouge (n° 136)
Un été au bord du lac (n° 195)

Evelyn Waugh
Trois Nouvelles (n° 138)

Fay Weldon
Copies conformes (n° 128)

Paul West
Le Médecin de Lord Byron (n° 50)

Rebecca West
Femmes d'affaires (n° 167)

Joy Williams
Dérapages (n° 120)

Tim Winton
Cet œil, le ciel (n° 225)

Evguéni Zamiatine
Seul (n° 16)
Le Pêcheur d'hommes (n° 19)

Achevé d'imprimer sur rotative
par l'Imprimerie Darantiere à Dijon-Quetigny
en septembre 1998

4e édition

Dépôt légal : novembre 1997
N° d'impression : 98-1018